AF224305

# ORAISON FUNÈBRE

DE

TRÈS-HAUT, TRÈS-PUISSANT ET TRÈS-EXCELLENT PRINCE

## CHARLES-FERDINAND D'ARTOIS,

FILS DE FRANCE,

## DUC DE BERRY,

PRONONCÉE AU SERVICE DE L'ASSOCIATION DES CHEVALIERS DE S.-LOUIS

EN L'ÉGLISE CATHÉDRALE DE NANTES,

LE 22 MARS 1820,

## PAR LE R. P. ANTOINE,

ABBÉ DE LA TRAPPE DE MELLERAY ET VIC.-GÉN. DE NANTES.

*Se vend 4 sous au bénéfice des pauvres.*

A NANTES,

DE L'IMPRIMERIE DE MELLINET-MALASSIS.

1820.

# ORAISON FUNÈBRE

DE

TRÈS-HAUT, TRÈS-PUISSANT ET TRES-EXCELLENT PRINCE

## CHARLES FERDINAND D'ARTOIS,

### FILS DE FRANCE,

## DUC DE BERRY,

*PRONONCÉE au Service de MM. les Chevaliers de l'Association de Saint-Louis, en l'Eglise Cathédrale de Nantes, le 22 mars 1820, par le R. P. ANTOINE, Abbé de la Trappe de Melleray, et Vic.-Gén. de Nantes.*

* * *

*Consummatus in brevi explevit tempora multa.*
Sap. 4 , V. 13.

Emporté en peu de momens, il a rempli la course d'une longue vie.

MONSEIGNEUR,

A qui ces paroles de l'Esprit Saint peuvent-elles mieux s'appliquer qu'au Prince chéri que je viens pleurer avec vous! Tout ce qui m'entoure, Mes Frères, porte l'empreinte du deuil et de la consternation, m'annonce la tristesse profonde dans laquelle vous êtes plongés; je viens la partager, je viens mêler mes larmes aux vôtres, confondre ma douleur avec votre douleur, je viens faire plus encore, je viens la soulager, je viens aidé de ces moyens puissans que la

( 4 )

religion , et la religion seule nous présente , offrir à vos cœurs flétris et brisés , le baume salutaire d'une consolation sainte ; je viens vous rappeler ces paroles de l'Esprit Saint : *Ubi est mors victoria tua? Ubi est mors stimulus tuus?* O mort , où est ta victoire ? O mort , où est ton aiguillon ? Vaine philosophie , idole du siècle de fer dans lequel nous vivons , monument déplorable de l'orgueil et de la vanité des hommes, tu peux bien pendant la vie, dans les jours de la prospérité et du bonheur , tromper tes crédules adeptes. Mais le malheur et l'infortune dissipent ton illusion ; ton règne finit au tombeau. Il n'appartient qu'à vous, Religion Sainte , d'élever le cœur de l'homme et de l'agrandir , de ne lui faire considérer les biens ou les maux de la terre, que sous les rapports qu'ils ont avec l'éternité. C'est, Mes Frères, fort de ces principes, fort de votre foi, que je viens , et rendre au Prince que nous pleurons aujourd'hui , le tribut d'éloges qu'il mérite , et vous proposer à vous - mêmes les réflexions salutaires que doit faire naître , ou plutôt que doit ranimer en vous, un évènement aussi terrible qu'inattendu. Il fallait , Mes Frères , d'aussi impérieuses circonstances, pour que moi-même , vous me vissiez au milieu de vous. Eloigné du monde , séparé du monde , consacré à Dieu dans le silence et la retraite , je suis étranger à toutes les scènes dont il est le continuel théâtre. Mais un attentat public, un danger commun , réunissent tous les intérêts , et rompent pour un moment tous les liens. C'est ainsi que les anciens Pères des déserts , les Antoine , les Sérapion , les Siméon et sur-tout St. Bernard notre père , notre fondateur et notre modèle, quittaient leurs solitudes, toutes les fois que les dangers de l'Etat, les attaques portées à la Religion, le salut de leurs frères, leur faisaient oublier toute autre considération, pour se livrer aux mouvemens de leur charité et de leur zèle. C'est sur-tout, Mes Frères, par déférence au vœu d'un illustre prélat, sous les auspices duquel je vous parle dans ce moment, d'un prélat, que tous vous chérissez tendrement comme moi, que j'honore comme mon père, que je vénère comme mon supérieur, dont les moindres désirs seront toujours pour moi des ordres absolus, que je viens élever ma faible voix au milieu de vous ; l'obéissance donnera à mes paroles la force et l'onction dont elles auront besoin pour pénétrer vos cœurs ; c'est, plein du sentiment de ma propre faiblesse, mais aussi plein de confiance dans les secours et la grâce du Très-Haut, que je viens faire avec vous, de grandes, d'importantes, de sérieuses et de salutaires réfléxions en vous offrant l'éloge funèbre de *Très-Haut et Très-Puissant Prince* CHARLES-FERDINAND D'ARTOIS, *Duc de Berry, Fils de France.*

Quel mélange affreux, mes Frères, de crimes et de vertus, de grandeur et de bassesse, de bonté et de noirceur, j'ai à vous développer !

Quel sujet abondant de méditations et de réflexions profondes, sur la fragilité de la vie, sur la vanité des choses de la terre, sur l'incertitude du moment de la mort, sur les causes horribles qui ont aiguisé le poignard dont ce Prince a été percé ; sur ces doctrines perverses, qui démoralisent toutes les classes, et brisent tous les liens de la Société. Mais, sur-tout, sur les grâces abondantes versées sur cette auguste victime dans ses derniers momens, et auxquelles elle a correspondu avec tant de fidélité. Mais je suis, mes Frères, orateur Chrétien; la chaire du haut de laquelle je parle, est la chaire de vérité, malheur à moi, dès-lors, si par une lâche et criminelle adulation, je venais louer ce que Dieu ne loue pas, bénir ce qu'il ne bénit pas, tolérer ce qu'il ne tolère pas. Non, mes Frères, un éloge funèbre dans la bouche d'un prêtre, dans celle surtout d'un religieux, ne peut être que l'expression de l'austère vérité; s'il avait d'autres bases, il serait rejetté de Dieu, et indigne du ministère saint que je remplis auprès de vous. Ne vous étonnez pas, dès-lors, si j'abandonne au soin de ceux qui écriront l'histoire, à vous retracer les traits de courage de ce prince, sa bravoure dans les combats, son dévouement à une cause auguste et sacrée; vous l'attesterez, vous surtout, braves guerriers, auxquels principalement je m'adresse ici, qui avez desiré que je vous portasse, dans ces jours de deuil, des paroles de consolation et de salut; vous, dont une partie a servi sous les mêmes étendards et combattu à ses côtés, mais qui tous pouvez rendre hommage à sa valeur. Mais moi, orateur chrétien, et toujours je veux vous ramener à ce point, qu'aurais-je de consolation solide à vous offrir, si je n'avais que le stérile souvenir de son courage? Il peut servir, sans doute, à établir parmi les hommes la réputation et la gloire, mais aux yeux de Dieu, de quel prix est communément cette gloire pour l'éternité ? combien de braves périssent tous les jours et n'emportent dans le tombeau que des lauriers qui se fanent sur leurs têtes, et ne se changeront jamais en d'immortelles couronnes ! S'il en était parmi vous, Mes Frères, qui, séduits par les illusions de la vaine gloire, trompés par ses phantômes, enivrés par ses vapeurs, ne vous fussiez pas encore pénétrés du néant de tout ce qui passe ; jettez les yeux sur son tombeau, voyez tout ce que le monde peut présenter de flatteur, anéanti dans un moment ; la force, la santé, le bonheur, une union qui faisait le charme de ses jours ; né sur les marches du trône, l'un des héritiers, l'espérance de la France, destiné par la Providence, ce semblait, à perpétuer l'illustre et antique race de nos Rois : tant de grandeurs, de dignités, d'honneurs, sont tranchés en un instant, comme le fil que coupe le fer du tisserand, *quasi fila telarum.*

O vous ! esclaves du monde, de ses vanités et de ses plaisirs, venez et voyez, voilà le terme fatal où bientôt viendront s'ensevelir vos joies, vos projets, vos espérances. C'est d'après le même principe que je laisse, Mes Frères, encore à l'histoire à vous raconter les traits multipliés de bonté, de libéralité, de générosité sans bornes de notre Auguste victime. Elle dira que les pauvres ont toujours été les objets de sa plus tendre sollicitude, qu'il ne passait aucun jour sans verser sur eux ses bienfaits, que les soulager était sa plus douce jouissance, que le jour même de sa mort il leur avait distribué des aumônes considérables ; elle le dira,

Mes Frères ; et les cris et la douleur des pauvres, des orphelins, de ces enfans ramenés du crime à la vertu, le diront avant elle, et plus éloquemment qu'elle. Si je passe sur des actions dont plus qu'un autre je sais apprécier le mérite, ce n'est pas que je n'en calcule la valeur devant Dieu, mais c'est parce que mêlées, selon l'expression de l'Ecriture, avec de la paille et du foin, entrelassées avec les dissipations, les futailités de la vie, il est trop à craindre qu'une grande partie de ces mérites n'ait été perdue pour la vie éternelle ; rappelez-vous, Mes Frères, ce grand et sévère principe, que tout ce que nous ne faisons pas en état de grâce, quelque éminentes que soient nos actions, jamais ne sera récompensé dans l'Eternité. Voudrais-je delà, Mes Frères, vous insinuer l'inutilité des bonnes œuvres, de l'aumône, sur-tout quand nous ne sommes pas en grâce avec Dieu ; loin de là, jamais, au contraire, nous n'avons plus besoin de faire des œuvres qui disposent Dieu à verser sur nous les grâces nécessaires à notre conversion. Je suis même convaincu que ce sont ces charités continuelles qui sont devenues la préparation aux grâces spéciales et abondantes dont nous verrons notre auguste victime comblée dans quelques momens. Les veuves présentaient à Saint-Pierre leurs tuniques et leurs robes, pour obtenir la résurrection de la veuve Tabittre ; ici, ce sont les pauvres, les orphelins, dont les cris ont monté jusqu'au ciel, pour obtenir ces graces de prédilection, si importantes, si décisives, dans les derniers instans de la vie. L'aumône, dit l'Esprit-Saint, au livre de Tobie, délivre de la mort, *Eleemosyna a morte liberat.* (Tob. C. 11. V. 4.) L'aumône, lisons-nous au même livre, nous délivre de tous nos péchés, *Eleemosyna ab omni peccato liberat.* Rachetez, dit Daniel, vos péchés par vos aumônes, *peccata tua eleemosynis redime.* Heureux, dit le roi prophète, l'homme qui a de l'intelligence sur le pauvre et l'indigent, le Seigneur le délivrera dans le jour mauvais..... Que le Seigneur le soulage lorsqu'il sera sur son lit de douleur. *Beatus qui intelligit super egenum et pauperem, in die mala liberabit eum Dominus. Dominus opem ferat illi super lectum doloris ejus.* Malheur, dit l'ecclésiastique, au pécheur qui ne fait pas l'aumône. *Non est enim ei bene qui assiduus est in peccatis, et eleemosynas non danti.* S'il en était, parmi vous, Mes frères, de malheureusement engagés dans le péché, qu'ils cherchent à en sortir par des aumônes, et d'abondantes aumônes ; je le dis au reste à tous, aux justes pour persévérer dans la justice, aux pécheurs pour y rentrer: Le moyen le plus sûr, le moyen nécessaire, le moyen le plus efficace, c'est l'aumône. Vous repentez-vous, Prince Auguste, des trésors que vous avez versé dans le sein du pauvre et du malheureux ? ce souvenir n'a-t-il pas servi dans les cruels momens de votre agonie à appaiser vos douleurs, et à ranimer votre confiance ? A quoi vous serviraient-ils, s'ils étaient accumulés dans vos coffres ? Bientôt, Mes Frères, tous tant que nous sommes ici réunis, les uns, un peu plutôt, les autres un peu plus tard, nous entrerons aussi dans la Maison de notre Éternité. De quoi vous servirait-il alors de laisser à des héritiers avides le prix de cette éternité? Faites-vous donc des trésors dans le Ciel, que ni les vers ni la rouille ne mangent point et où il n'y a point de voleurs qui les déterrent et les dérobent : *Facite vobis thesauros in cælo, ubi neque ærugo neque tinea demolitur, et ubi fures non effodiunt nec furantur* ( M., c. 20 ). Assurez vous des biens qui, consignés entre les mains du Père céleste', ne craignent ni l'injustice des hommes, ni leur rapacité, ni les révolutions des Empires. Vous pouvez vous en servir utilement à présent pour la rançon de vos péchés; vous donneriez avec peu de mérite à la mort ce qui vous quittera, bien plus que vous ne le quitterez.

Si je m'abstiens, mes Frères, de louer tant d'actions si méritoires et si bonnes; dans la crainte qu'elles ne soient sans récompense dans l'Eternité, bien moins sans doute me permettrai-je d'excuser, de dissimuler la dernière action qui a précédé l'horrible assassinat de notre auguste Prince. Je manquerais, mes Frères, à mon caractère, à la vérité que je vous annonce, à l'austère sévérité de mes principes, si je cherchais le moins du monde à la gazer ou à la pallier. C'est en vain que des moralistes relâchés, cherchent à s'appuyer sur le rang, les convenances, les circonstances. Non, mes Frères, plus un homme se trouve élevé par son rang, plus il est obligé de donner l'exemple et plus aussi l'influence de sa conduite y attache de scandale; quoiqu'en disent les partisans du monde, la Religion et la Morale se réunissent pour proscrire ces assemblées, ces spectacles profanes, qui sont le

foyer de toutes les passions , l'aliment du vice et
l'écueil de la vertu. Et c'est sur les marches du temple
de Baal que la victime est frappée. Ici , mes Frères,
que de réflexions plus importantes les unes que les
autres se présentent en foule ; passer en un instant
de l'illusion du plaisir dans les ombres de la mort,
d'une maison de ris et de jeux dans la maison de son
éternité ; ô vous , mes Frères , qui êtes assez imprudens
pour fréquenter ces lieux , si dangereux à l'innocence ,
si opposés à la sainteté du Christianisme , êtes-vous
assurés qu'un pareil sort ne vous est pas réservé, et
qu'un accident imprévu n'en fera pas votre tombeau ?
Mais ce Prince , me répondrez-vous , y est mort , et y
est mort en pénitent , en prédestiné. Qu'en conclurez-
vous ? avez-vous , Mes Frères , des droits à la même
grâce , et pouvez-vous y compter ? avez-vous ,
comme ce Prince , des bonnes œuvres jettées en
avant pour les lui ménager , êtes-vous les Petits-
Fils de Saint-Louis , les Neveux d'un Roi Martyr
et de l'Angélique Elisabeth ? Dieu nous doit - il
compte de ses graces ? et celles qu'il accorde dans
sa miséricorde , aux derniers instans de la vie ,
peuvent-elles être pour vous un motif de sécurité ?
n'y avait-il pas , nous dit notre Divin Maître , bien
des Lépreux en Israël , du temps du Prophète Elisée ?
et cependant le seul Naaman est guéri ; et quelques
éminentes qu'ayent été les graces accordées à notre
Auguste Prince , quelque sainte qu'ait été sa mort,
les principes généraux sont-ils moins vrais : qu'il est
dangereux d'attendre aux derniers momens de la vie
pour établir sa paix avec Dieu , et mettre ordre

aux affaires de sa conscience ? si par une disposition particulière de la Providence, le fer n'eut été arrêté à ce point ; s'il eut percé deux lignes plus avant, le Prince fut mort sur le coup, et nous n'aurions à offrir à votre douleur qu'un morne silence et nos larmes. Il y a plus, il paraît qu'un pouvoir miraculeux a arrêté le moment de la mort, qu'une blessure mortelle par tant de causes, devait occasionner sur-le-champ. Sept heures de vie, sous une blessure qui avait traversé le diaphragme, les poumons, une partie du cœur, et les gros vaisseaux, pour donner au Prince le miséricordieux délai qu'implorait son salut, ne me paraît rien moins que faire rétrograder l'ombre du cadran solaire d'Achab, pour assurer à Ezéchias, à un Saint Roi d'Israël, que la vie et la santé lui étaient rendues : et, en effet, il a survécu de sept heures ; ces heures ont été des années de gloire, de piété, de pardon, de résignation et de mérites ; ces heures en ont fait un pénitent, un prédestiné, je dirais presqu'un Martyr. Je ne veux point, Mes Frères, d'autres matières à son éloge : il a assez survécu pour mourir en Héros Chrétien, chacun des momens de ces heures si cruelles, si déchirantes pour nous, ont été des momens de grâce et de bénédiction, et suivant les paroles de mon texte : *in brevi explevit tempora multa*, en peu de momens il a rempli la carrière d'un longue vie. Il est entré, si vous le voulez, dans la vigne à la onzième heure, mais il recevra le denier de la vie éternelle. Que votre piété, Mes Frères, ne perde pas un des instans précieux de cette horrible nuit , il n'en est aucun qui ne puisse vous fournir une matière abondante et de sérieuses réflexions. *M.gr le Duc de* BERRY est frappé au moment où il venait de reconduire dans sa voiture son Auguste Epouse , et par qui est-il frappé? par un scélérat obscur , qui, sans aucun sujet personnel , veut éteindre en lui la lignée de nos Rois. Quel motif a conduit le fer de cet assassin ? *Des senti-mens , des opinions!* Ne craint-il pas les vengeances de Dieu , quand même il aurait pu échapper à la justice des hommes ? Non , *Dieu , Dieu n'est qu'un mot ; qui l'a vu sur la terre* ? Quand le crime et l'impiété sont portés à cet excès de débordement , les liens de la société sont rompus et brisés : mieux vaudrait habiter avec des tigres , ou vivre au milieu des sauvages du Canada , qu'avec des hommes qui ne craignent et n'espèrent plus rien. Eh ! qui a pu graver dans le cœur de ce monstre ces horribles blasphèmes ? suivez-le , Mes Frères , dans les diffé-rentes époques de sa vie. Sont-ce ces Frères d'une charité sans bornes comme sans exemple , qui, pro-digues de leur tems , de leur santé , de leur vie , au prix de tous les sacrifices, élèvent les enfans du pauvre, forment leurs jeunes cœurs à la religion , à la vertu , à la piété, qui ont pris soin des premières années de sa vie? J'ignore et son éducation et sa patrie. Sont-ce ces Prêtres, ces Missionnaires, qu'on avilit et qu'on outrage , qui , à mesure que son esprit se développait, l'ont pénétré de cette doctrine , et y ont imprimé ces funestes principes? Cherchez, Mes Frères , quels ont été ses précepteurs et ses maîtres ; vous les trouverez, j'en ai d'avance la certitude , dans ces folliculaires forcenés, dans ces productions obcènes et impies, qui sont étalées, vendues et colportées jusque dans le fond des provinces ; dans ces poisons subtils que distillent les imprimeries et les lythographies, et qui portent la corruption et la mort dans toutes les classes de la société, dans tous les âges de la vie. Si, Mes Frères, comme on ose le dire impunément, dans un royaume catholique, la loi doit être athée, si le nom de la religion n'a pu trouver place dans ce Code , bientôt une partie des hommes que ces lois régiront, deviendront des assassins et des brigands.

Si on ne rougit plus du plus exécrable de tous les forfaits , si un prêtre régicide a osé se mettre sur les rangs , s'il a été présenté, proposé , nommé pour être un des représentans de sa nation , quel crime peut désormais nous étonner et nous surprendre ? Ici, Mes Frères , déplorons, avec des larmes de sang , ces doctrines perverses : ce sont elles qui ont aiguisé les poignards qui ont percé le meilleur des Princes , et qui bientôt seraient suspendus sur toutes nos têtes. Ne vous y trompez pas , Mes Frères, la société, la France ne peut rester dans la situation dans laquelle elle se trouve, il faut, ou que par une conversion vraie et sincère , elle retourne franchement et bonnement aux principes qu'elle a eu le malheur d'abandonner , à la religion de ses pères, ou que d'un pas précipité elle retombe bientôt dans un état d'anarchie , dans un déluge de maux plus affreux que celui auquel elle vient à peine d'échapper. Réunissons-nous, Mes Frères, au pied des Autels, comme les Juifs au tea tout de la captivité, jurons de nouveau, mais jurons dans la sincérité de nos cœurs, d'être fidèles à la loi du Seigneur; proscrivons à jamais toutes ces sociétés secrètes, toutes ces jongleries diaboliques, qui, sous toutes les dénominations, sont les batteries couvertes des émissaires de Satan, et les arsenaux du prince des ténèbres; sans cela nous périrons tous, et Dieu, dans sa colère, nous livrera à notre perversité et à notre aveuglement.

Mais où m'a entraîné le crime de cet assassin ? Revenons, Mes Frères, aux douloureuses, mais importantes leçons que le Prince mourant va nous donner. Il est frappé par la main d'un parricide; et au moment où le fer meurtrier perce sa poitrine, un rayon puissant de la grâce vient percer et éclairer son cœur; renversé, comme Saint Paul, sur le chemin de Damas, des écailles tombent de ses yeux, il a oublié en un instant ce qu'il a aimé, et aime ardemment ce que peut-être il avait oublié; il sent qu'il est atteint d'un coup mortel, mais il sent plus encore la voix forte du Dieu qui parle à son cœur, et tout ce qui lui reste de vie, va être consacré à l'exercice héroïque des vertus les plus sublimes de la religion. Il me semble voir un de ces martyrs qui, dans les premiers siècles de l'Eglise, de la dissipation du monde passèrent quelquefois à la confession de leur foi, et au bonheur de la sceller de leur sang; en effet, la cause pour laquelle il périt par le fer d'un impie, celle de la religion et de la monarchie; la force et la soumission avec laquelle il accepte la mort, ne peuvent-elles pas nous le faire assimiler aux martyrs ? Oh!

Maison de Bourbon ! Oh ! Famille auguste et infor-
tunée ! Oh ! antique et glorieuse race de prédestinés,
de quels traits de miséricorde, de quelles bénédictions
Dieu vous comble, alors même qu'il semble vous sou-
mettre aux plus sévères et aux plus sensibles épreuves !
Le Prince, abattu par le coup fatal, se relève ; mais
il se trouve un nouvel homme, les sentimens les plus
élevés de résignation, de patience ; ces sentimens que
la religion et la religion seule peut inspirer, vont
marquer tous ses momens ; oublier et pardonner,
c'est désormais sa dévise, et sa bouche n'est que le
faible interprète de ce que ressent son cœur ; il ne se
souvient que des offenses qu'il a commises contre
Dieu, mais bientôt il va en demander et en obtenir
lui-même le pardon. Le lion de Juda est devenu un
agneau plein de douceur ; atteint par le plus lâche
des assassins, frappé par la plus horrible des trahi-
sons, ce caractère franc et généreux, mais vif et
bouillant, qui dans les premiers instans aurait pu
se laisser aller à des mouvemens d'indignation et de
fureur, est changé dans une invincible patience et
dans une inaltérable bonté.

Il ne peut supposer la noirceur d'un crime qui n'aurait pas été provoqué ; il pense que, sans le vouloir,
il aura pu offenser son meurtrier, et serait plus dis-
posé à demander lui-même son pardon, qu'à l'accor-
der. La vue d'une mort prochaine, les douleurs cruelles
qui le déchirent, le désespoir d'une jeune épouse,
baignée de pleurs et couverte de son propre sang, ne
peuvent altérer la tranquillité et la paix de son ame ;
toutes les pensées de son cœur sont tournées et uni-

quement dirigées vers Dieu, vers l'éternité; recevoir
la bénédiction d'un de ses ministres, bénir lui-même
sa fille, c'est-là l'unique objet de ses pensées. Il se
hâte d'appeler ce vertueux prélat, qui a été l'Ananie
de son illustre Père, dont il a connu dès sa jeunesse
le mérite, la piété et la douceur, dont il a pu oublier,
mais dont il n'a jamais méprisé les sages leçons. Avec
cette noble franchise, cette sincérité qui caractérise
un guerrier, qui revient véritablement à Dieu, il fait
le plus humble aveu de ses fautes; mais si c'en est
assez pour satisfaire à la lettre du précepte, cette
confession ne suffit pas à l'étendue de son repentir;
il est Prince, ses fautes ont été nécessairement accom-
pagnées de plus ou de moins de scandales, il veut
autant qu'il est en lui les réparer; il fait devant son
épouse, il fait devant tous les assistans, il voudrait faire
devant la capitale toute entière, l'aveu de ses misères
et de ses faiblesses, et en demande humblement
pardon. Il dit avec la sincérité du Roi Prophète :
*Peccavi Domino*, j'ai péché contre le Seigneur; et
le ministre du Seigneur lui dit avec la même confiance qu'autrefois Nathan à David, *Dominus trans-
tulit peccatum tuum, non morieris.* (R. ch. 12, v. 13.)
Le Seigneur a pardonné vos péchés, vous ne mourrez
pas. Et en en effet, Mes Frères, pleurer sincèrement
ses péchés, pardonner sur-tout les offenses qu'on nous
a faites, n'est-ce pas, selon les paroles du Seigneur, le
moyen le plus efficace d'obtenir nous-mêmes le pardon?
J.-C. ne nous a-t-il pas enseigné à demander à notre Père
céleste qu'il nous pardonnât comme nous pardonnons
nous mêmes à nos ennemis; ne nous a-t-il pas dit

qué la mesure dont nous userions serait celle dont on
userait envers nous ; que si nous pardonnions de
tout notre cœur, Dieu oublierait aussi toutes nos
offenses ? Or, Mes Frères, je vous le demande, j'en
appelle ici à vous-mêmes....

Fût-il jamais de pardon plus vrai, plus sineère
plus entier ! non-seulement sans aucune exception
il pardonne à son meurtrier, mais il demande son
pardon, il sollicite son pardon, mais il insiste sur son
pardon, il veut que tous lui pardonnent, comme i
pardonne lui-même ; et dans quelques momens
quand son Souverain, son Oncle, son Père, viendr
lui fermer les yeux et recevoir son dernier soupir
*Grâce pour l'homme, grâce pour l'homme*, seron
les dernières paroles que prononceront ses lèvres ex
pirantes et déjà glacées. Dispositions magnanime
d'une charité plus qu'humaine, l'effet d'une grâc
toute particulière et toute puissante, mais qui nou
assurent aussi à n'en pouvoir douter, le pardon de
péchés et le salut éternel de l'Auguste Victime qu
nous pleurons. Oh ! Mes Frères, si parmi ceux qu
m'entendent, il en était qui pussent nourrir dan
leurs cœurs quelques sentimens de fiel, d'animosité e
de vengeance, quelqu'en puissent être les prétexte
ou les causes, qu'ils étudient ce grand exemple, e
qu'ils se souviennent qu'il serait un jour leur con
damnation, s'il n'était aujourd'hui leur modèle. Ont-
ils été outragés d'une manière plus odieuse et plu
cruelle ? Sur quoi pourraient-ils dès lors au dernie
jour s'appuyer et se défendre ? O vous, guerrie
courageux et magnanimes, mais trop souvent vin

eatifs et susceptibles, s'il vous arrivait d'être offensés, loin de chercher à laver cette injure dans le sang de votre ennemi, souvenez-vous de ces mots : *Grace pour l'homme* , et au lieu de percer son sein , vous le serrerez dans vos bras. Que ces mots , Mes Frères, soient votre cri de guerre, votre mot dè ralliement, et que chacun de nous en sortant de cette triste et auguste cérémonie, les porte profondément gravés dans son cœur : *Grâce pour l'homme* !

Un pardon, Mes Frères, si généreux et si entier, était la disposition la plus sublime pour recevoir les derniers sacremens de l'église ; aussi, un vénérable pasteur s'empresse de les apporter à l'auguste prince , mais n'y a-t-il pas profanation ou scandale, y a-t-il quelque chose de commun entre le Dieu d'Israël et la maison Baal ? Oh ! ne vous y trompez pas, mes Frères c'est ici un des plus grands triomphes de la Religion, Dagon sera renversé aussitot que l'Arche Sainte entrera dans son temple. C'est ce Dieu caché qui a détruit l'empire de *Satan* , et enchaîné son pouvoir. Son bras n'est pas raccourci; les démons n'oseront plus faire entendre leurs horribles sifflemens , leurs chants impurs ; on n'exécutera plus leurs danses lascives, là , où le Fils de Dieu est venu établir son trône, et où un prédestiné est mort dans sa grace. Les démons fuient , nous dit Saint Jean Chrysostôme , au seul signe de la Croix , et le nom de J.-C. suffit pour rendre muets leurs oracles ; c'est, Mes Frères , une réparation authentique de tant de profanations dont vous avez été les douloureux témoins. Combien de temples, en effet , où le sang de la Victime Sainte avait coulé pendant

tant de siècles , ont été par la plus horrible , comm
par la plus odieuse de toutes les profanations , converti
en atéliers , en magasins , en écuries , en salles d
spectacle ; et ici, Mes Frères , c'est ce Dieu puissant
qui va convertir la première salle de spectacles pro
fanes de la Capitale , peut-être de l'Univers , en u
Temple consacré à son culte , où le sang de la Vic
time auguste coulera pour nos péchés ; c'est , M. F.
comme aux premiers siècles de l'Eglise , le Panthéo
qui devient un Temple du vrai Dieu. Oh ! Roi très
chrétien , vous vous hâterez d'accomplir une œuvr
aussi sainte et aussi méritoire , une de celles qui con
tribueront le plus à votre gloire devant Dieu , et su
laquelle , dans les derniers momens , vous aimerez
vous appuyer avec plus d'espoir et de confiance.

Cependant , les momens du sacrifice de la victim
s'avancent ; le prince mourant a été fortifié pa
l'onction de l'huile sainte , qu'il a reçue avec autan
de piété que de foi. La crainte d'un vomissemen
à empêché de donner la Sainte Eucharistie ; le
secours prodigués par tout ce que l'art et la scienc
ont de plus parfait , ne peuvent résister à la forc
du mal ; en prolongeant le tems de son existence
ils prolongent le mérite de son offrande et four
nissent la matière à des scènes multipliées de cou
rage , d'héroïsme et de vertu , qui sont pour nou
de grandes et utiles leçons. Le prince étendu su
un lit de mort , console sa famille désolée , il n'
à la bouche que des paroles de résignation et d
paix ; sans regret pour la vie, il voit d'un œil tran

quillé et soumis, l'éternité s'approcher, et la désire bien plus qu'il ne la craint.

Mais autour de cette couche de douleur, quelle réunion, quel spectacle déchirant, combien il commande la vénération et le respect ! Une Épouse éplorée, une seconde Noëmi, qui, supérieure à son âge, à son sexe, a elle-même comprimé son désespoir, pour rendre les derniers soins à un Époux mourant. Une femme forte, une autre Princesse formée de longue main à l'infortune et au malheur qui vient ajouter cette nouvelle peine à toutes celles auxquelles son âme est en proie, et qui les supportera toutes avec la même résignation et le même courage. Un Père tendre et bon, dont le cœur est déchiré par ce cruel spectacle, un Frère tendrement aimé, qui ne peut rendre sa douleur que par ses larmes et ses sanglots, un Prince illustre, un autre Père malheureux, qui sent, à cette vue, se rouvrir toutes les plaies de son cœur, tous se joignent au Ministre du Seigneur, et prient pour la victime ; enfin, pour achever ce tableau, qui serait horrible s'il n'était adouci et tempéré par la religion, un Monarque, Oncle et Père, qui vient les yeux baignés de larmes, recevoir le dernier adieu, fermer les yeux de son ami, de son neveu et de son fils.....
Au milieu de cette scène d'horreur, le Prince mourant seul conserve, à l'aide d'une grâce toute spéciale, toute sa présence d'esprit, sa patience, sa résignation, son sang-froid, il ne se souvient que de ses péchés, sollicite de nouveau un pardon qu'il voudrait arracher avant que d'expirer, demande à

Dieu un pardon qu'il a déjà obtenu de sa miséricorde , et plein de confiance et d'espérance, s'endort
en paix, sans aucun effort, de la mort des justes.
Deux des principaux Docteurs qui avaient assisté le
Prince , reçoivent bientôt la récompense de leur zèle
et de leur charité; tant de foi, tant de courage,
tant de résignation , ne sont pas l'ouvrage de la
nature : ils s'empressent de recourir aux consolations
d'une religion sainte , qui seule peut rendre les
hommes maîtres d'eux-mêmes , et supérieurs aux
événemens. C'est ainsi qu'autrefois la fermeté et la
constance des Martyrs, convertissaient à J. - C. les
témoins de leurs combats ; et nous, Mes Frères,
resterons-nous froids et indifférens à ce spectacle ?
prions d'abord, et prions avec ferveur , pour ce
bon et généreux Prince : quelque sainte qu'ait été
sa mort , quelque assurance que nous ayons de
son salut, il peut avoir encore bien des dettes tem-
porelles à payer, qu'il n'a pas eu le temps d'expier
par la pénitence.

Tirons aussi de cet évènement affreux , des leçons
qui nous soient salutaires. Voyons-y l'incertitude de
la vie, la fragilité des choses de la terre, que le bonheur ici-bas n'est qu'un songe, que les conditions les
plus élevées sont celles qui sont en proie aux peines
les plus cruelles; détournons par d'ardentes prières,
par une vraie et sincère pénitence, la colère de Dieu
excitée par tant de crimes, d'impiétés, d'abomina-
tions, sur-tout par ce sang innocent, qui continue
d'y être versé, et qui, comme celui d'Abel, crie
vengeance au Seigneur ; enfin , M. F., ne nous flat-

tons pas d'avoir les momens, les grâces, les moyens
de salut de notre Auguste Prince à la mort ; prépa-
rons nous-y, ou plutôt tenons-nous toujours prêts,
*estote parati* ; enfin qu'après lui avoir ressemblé sur
la terre, par la sincérité de notre conversion, nous
puissions lui être unis dans le Ciel, et posséder avec
lui le bonheur éternel.